Mon alphabet des princesses

Fleurus

A notre princesse d'Amour ♡

FLEURUS

Direction : Guillaume Arnaud
Direction éditoriale : Sarah Malherbe
Édition : Virginie Gérard-Gaucher, Camille Icole

Direction artistique : Elisabeth Hebert, assistée de Philippine Berly
Mise en page : Anne Bordenave

Fabrication : Thierry Dubus, Marie Cheneval

Site : www.fleuruseditions.com
ISBN : 978-2-2151-2076-6
N° d'édition : 13029
MDS : 651 698

Achevé d'imprimer en février 2013 par Toppan, Chine
Dépôt légal : avril 2013

Mon alphabet des princesses

Juliette Parachini-Deny
Adeline Avril

Fleurus

A

Agates

Alouette

Arbre

La princesse Agathe se promène avec son père
à l'ombre des grands arbres du château.
« Ma fille, lui dit le roi, tu es maintenant en âge de te marier.
Il serait temps de rencontrer ton prince charmant ! »
Mais Agathe n'est pas encore amoureuse.

B

Biche

Bague

Blason

Dans les allées du parc, Agathe court
derrière une biche qui s'enfuit dans les bois.
Soudain, elle aperçoit le chevalier Benoît caché derrière un buisson.
Il la regarde en secret. La princesse Agathe est si belle
avec ses longs cheveux blonds bouclés !

C

Casque

Chevalier

Couronne

Troublé, le chevalier fait tomber son casque.
« J'espère que votre casque n'est pas cassé ! »
lui dit Agathe en soulevant sa couronne.
Benoît est tout chamboulé. Il sort de sa cachette
et part au galop sur son grand cheval intrépide.

D

Dentelle

Duc

Diadème

La reine appelle sa fille du haut d’un balcon :
« Agathe, le duc d’Anvers est arrivé pour ton cours de danse ! »
Le duc est un excellent professeur. Deux pas à gauche…
un pas à droite ! La princesse fait voler sa jolie robe à dentelle.

E

Étoiles

Éventail

Écureuil

La reine regarde sa fille danser
en remuant son grand éventail.
Elle est enchantée : sa fille est si élégante,
si éblouissante, si époustouflante !

F

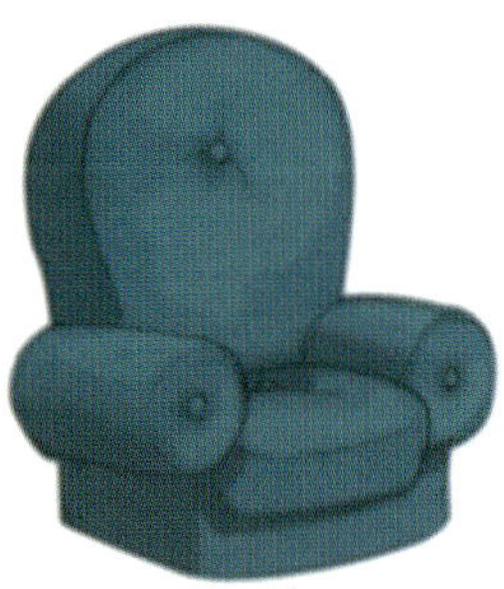

Fauteuil

Fil d'or

Fleurs

Fatiguée, la princesse s'assoit dans un fauteuil décoré
de fleurs cousues au fil d'or. La reine félicite sa fille :
« Agathe, tu es vraiment fabuleuse, lui dit-elle très fièrement.
Je vais organiser un grand bal pour fêter ton anniversaire !
Tu y rencontreras peut-être ton futur époux ! »

G

Gâteau

Guitare

Grenouille

Agathe pense surtout à son gâteau d'anniversaire ! Elle est très gourmande. « Je veux un gâteau d'anniversaire gigantesque ! » s'exclame la princesse. Le duc est également très content. Pour fêter cette grande nouvelle, il joue un air de guitare.

H

Harpe

Hérisson

Hirondelle

La princesse Agathe l'accompagne à la harpe.
La reine est si heureuse qu'elle se met à chanter.
La bonne humeur règne dans tout le château.

I

Invitation

Iris

Un peu plus tard, la reine réfléchit :
« Qui allons-nous inviter à ton anniversaire ?
– J'ai une bonne idée, nous allons inviter le chevalier Benoît ! »
lui répond la princesse.

invités

JK

Jonquille

Joyaux

Jupon

« Oui, c'est une excellente idée ! » s'exclame la reine.
Sur un joli parchemin, elle continue à dresser la liste des invités.
Elle écrit le nom du prince Jean, de la princesse Karen,
du prince Kerian, du prince Théodore…

INVITE
– Prince Jean
– Princesse Karen
– Prince Kerian
– Prince Theodore
– Duc

L

Lit

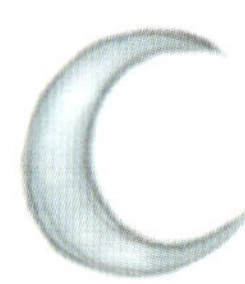

Lune

Libellule

Le soir, la princesse a du mal à s'endormir.
Dans son lit, elle rêve de son anniversaire
en regardant la lune.

M

Marraine

Miroir

Marguerite

Le jour venu, Agathe se lève de bon matin.
Sa marraine l'aide à se préparer.
Agathe admire sa magnifique robe mauve dans un miroir.
Aujourd'hui, elle sera la plus belle de midi à minuit.

N

Nénuphar

Noisettes

Nuage

Les nombreux carrosses des invités arrivent au château.
Agathe montre à la princesse Natacha
les jolies fleurs de nénuphars dans le grand bassin du parc.

O

Oranges

Orchestre

Or (pièce d')

Le roi a organisé une fête somptueuse avec un buffet grandiose et un orchestre. Agathe souffle les bougies de son gâteau et ouvre ses cadeaux. Le prince Théodore lui offre des boucles d'oreilles en or. Il rêve d'épouser la princesse !

PQ

Parfum

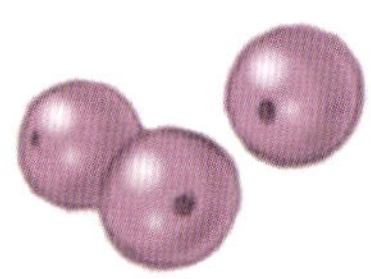

Perles

Plume

Agathe reçoit aussi quatre colliers de perles,
des flacons de parfum et même une paire
de pantoufles à paillettes ! Mais la princesse préfère
le poème que lui a écrit le chevalier Benoît.

A
Agathe

R

Renard

Roi

Rose

L'après-midi, le roi donne le départ
de la grande course des cavaliers.
Le cheval de Benoît est très rapide.
Il est le premier à passer devant les remparts du château.

S

Sablier

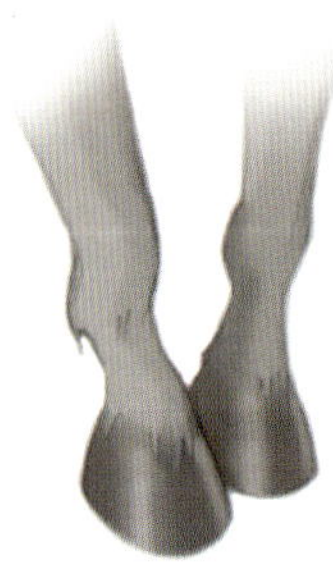

Sabots

Sceptre

Les spectateurs applaudissent.
Soudain, un cheval se cabre et donne des coups de sabots.
Le prince Kerian perd l'équilibre et tombe dans le sable.
Le chevalier Benoît descend de son cheval
pour l'aider à se relever.

T

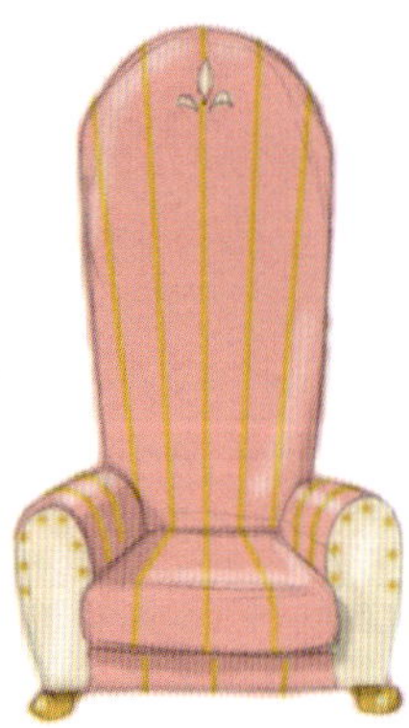

Trône

Trophée

Le prince Théodore en profite pour gagner la course.
Le roi se lève de son trône et lui remet le trophée.
« J'ai gagné ! » s'exclame Théodore en regardant Agathe.
Il pense avoir aussi conquis le cœur de la princesse.

1
2
3

UV

Valet

Violette

Violon

Mais Agathe n'est pas amoureuse du prince Théodore.
Le soir, c'est Benoît qu'elle invite à danser.
Pendant la dernière valse, la princesse demande au chevalier :
« Chevalier Benoît, voulez-vous m'épouser ?
– Oui ! » lui répond Benoît, très heureux.
En leur honneur, les musiciens jouent un air de violon.

WXYZ

Le chevalier Benoît est ainsi devenu le prince Benoît !
Agathe et Benoît eurent quatre enfants :
deux petites princesses : Wendy et Xavière
et deux petits princes : Yves et Zacharie

A B C D 

I  J K L

P Q R

W  X Y Z

E F  G H

M  N O 

S T U V